TRÈS-HUMBLES
REMONTRANCES

ADRESSÉES

A S. M. LOUIS XVIII

AU NOM DU PEUPLE FRANÇAIS;

AVEC DES RÉFLEXIONS SUR LA GUERRE.

Par M. AUZAT,

Ex-commissaire du gouvernement à la radiation des émigrés, auteur de la Réponse aux adieux à Bonaparte.

A PARIS,

F. BECHET, Libraire, quai des Augustins, n° 63.
CHARLES, IMPRIMEUR, RUE THIONVILLE, N° 36.

1er Avril 1815.

TRÈS-HUMBLES

REMONTRANCES

ADRESSÉES

A S. M. LOUIS XVIII.

SIRE,

IL n'y a pas encore un an que vous êtes remonté sur le trône occupé par vos ancêtres, et déjà des plaintes et des murmures se font entendre de toutes parts, contre votre administration et celle des princes qui vous entourent.

Des hommes qui ont perdu le titre honorable de Français, en portant les armes contre leur patrie dans les rangs mêmes de nos ennemis; des hommes à qui l'on a fait grâce du plus grand des crimes, et que vingt-cinq ans de malheurs n'ont point corrigés, sont revenus orgueilleusement à la cour, mendier, pour récompense de leur lâcheté, des places, des honneurs, outrageans et onéreux pour le peuple; ils ont demandé et obtenu des croix, des pensions, des dignités, à l'exclusion des braves qui sont restés fidèles à leur patrie, et qui l'ont défendue par tous les moyens, contre le despotisme et les invasions de l'ennemi.

Si la cause du roi, Sire, n'est plus en France celle de la nation, si ceux qui se sont déclarés ses plus cruels ennemis ont seuls droit aux faveurs du prince et à ses bienfaits; retirez-vous, Sire, dans une île éloignée, avec tous vos partisans, et régnez paisiblement sur un peuple de nobles et d'émigrés qui ne vivront jamais en paix avec des agriculteurs, des commerçans et des bourgeois, tant qu'ils conserveront la prétention ridicule qu'ils sont nés d'un sang plus illustre que les autres hommes, et qu'à ce titre ils ont droit de mépriser et d'asservir tout ce qui n'est pas de la classe dans laquelle ils se rangent avec orgueil.

L'opinion, Sire, ne permet plus en France d'autre distinction que celle des vertus, des talens et des services réels rendus à l'état; tout autre titre est en contradiction avec les articles 1er et 3e de la Charte que vous avez publiée vous-même, et d'après laquelle vous dites que *les Français sont égaux devant la loi, et qu'ils sont tous également admissibles aux emplois civils et militaires.*

Cette disposition elle-même n'est qu'un vain mot, et une abstraction chimérique, si vous nommez tous les pairs de France parmi les nobles anciens ou nouveaux, si leur nombre est illimité, et si vous leur donnez à tous trente-six mille francs de rente à nos dépens, pour ne rien faire, ou pour ne voter que des impôts et des lois que vous aurez faites dans leurs intérêts ; si les députés même des départemens ne peuvent encore être choisis que parmi ceux qui payent une contribution directe de *mille francs*, c'est-à-dire parmi les riches et les heureux du siècle, quelles que soient d'ailleurs leur ignorance et leur nullité.

Vingt-cinq ans de révolution, Sire, ont totalement changé les têtes et les idées en France, et il faut renoncer à ce beau pays, ou se conformer à ses mœurs et à ses habitudes ; il faut quitter le vieil homme, les vieux préjugés, les vieilles erreurs, et donner à la France un gouvernement de son choix ; c'est à elle, c'est à ses représentans librement élus à lui donner une constitution conforme à la volonté générale; (1) elle ne doit et ne peut en recevoir de personne autre, encore moins de celui qui est chargé de la faire exécuter : sans cela , et si la volonté d'un seul fait la loi pour tous , si la voix de ceux pour qui elle est faite n'est comptée pour rien dans sa formation, il n'y a plus qu'un maître et des esclaves, et ceux-ci ont le droit de rompre leurs chaînes aussitôt qu'ils en auront le pouvoir et les moyens.

En vain les fauteurs du despotisme royal, ceux qui flattent et caressent l'autorité pour partager ses faveurs, parlent sans cesse *d'un souverain légitime*, pour lui attribuer tous les pouvoirs; il n'y aura jamais de pouvoirs légitimes que ceux qui émanent directement

---

(1) La plus sage et la meilleure constitution qu'on ait proposée jusqu'ici au peuple français, est sans contredit celle de 1791 , sortie des mains de l'assemblée constituante, et acceptée par le roi Louis XVI; elle est l'ouvrage de la première assemblée de l'univers, de celle où les grands talens, les lumières et les vertus se sont trouvées réunies au plus haut degré; c'est cette constitution vraiment nationale qui convient le mieux au peuple français; sauf les modifications que le temps et l'expérience pourraient indiquer.

du corps de la nation, en qui réside exclusivement la souveraineté proprement dite; ses droits sont essentiellement inaliénables et imprescriptibles; ils sommeillent quelquefois dans les temps de crise, mais ils ne se perdront jamais; la naissance seule ne donne aucun droit au trône, sans le choix libre de la nation régulièrement consultée dans la personne de ses représentans; car on n'hérite pas sans doute d'un peuple comme d'un troupeau, surtout après lui avoir fait la guerre pendant vingt-cinq ans.

Tous vos droits, Sire, et ceux des princes de votre famille, ne sont donc rien sans la volonté du peuple, en qui réside exclusivement la force et la puissance souveraine; et ceux-là seuls sont des rebelles, qui se révoltent contre leur maître, et veulent le dominer malgré lui; consultez donc, Sire, la nation sur ce que lui convient.

Les princes, les nobles, les prêtres, les émigrés, ont mal servi votre cause et la leur en faisant classe à part; ils se sont montrés trop arrogans, trop partiaux, trop pressés de jouir; ils ont perdu Louis XVI, ils gâtent votre cause pár trop de chaleur et d'exal-

tation , ils vous perdront de même. (1)
Ils demandent *des indemnités* pour les

---

(1) Nous en sommes absolument au point où nous en
étions au 14 juillet 1789, et c'est encore une fois la guerre
des princes, des nobles, des prêtres et des émigrés contre
le peuple; la contre-révolution est faite dans l'esprit de
tous les ennemis irréconciliables de la nation, et ils ne
s'en cachent plus; ils ont pour eux la *Charte normande*
de 1814, qui leur assure avec usure tous les titres, les
rangs et les dignités qu'ils avaient perdus; vous pouvez
voir dans les Etrennes mignones de 1815, le *clergé*, la
noblesse et le *tiers-état*, parfaitement distingués. Le clergé
sous le titre de *pairs ecclésiastiques*; en tête de la liste de
la chambre des pairs, les anciens ducs, à la suite comme
tenant à l'ancienne noblesse, et les nouveaux nobles à la
queue, comme tiers-état nobilisé : encore a-t-on eu soin,
de peur qu'on ne s'y trompât, d'imprimer à part *la liste
des nouveaux nobles avec leurs anciens noms.*

Tous les émigrés, tous les brigands de la Vendée et les
voleurs mêmes des recettes sur les grands chemins, sont
décorés de la croix de saint Louis, qui n'est plus qu'un
signe de honte et d'ignominie. Plusieurs ont obtenu des
retraites, des pensions énormes et des places lucratives,
pour avoir servi contre la France dans les rangs de ses
ennemis; et c'est sur les sueurs du peuple que ces récom-
penses sont imposées. On fait ouvertement, tous les
jours, le procès de la révolution et du peuple français qui
l'a faite; on parle avec audace d'élever à Quiberon un
monument en l'honneur des Français criminels que l'An-
gleterre y avait vomis pour porter le fer et le feu dans

biens qu'ils ont perdus dans le naufrage de
la révolution, et par les chances de la guerre
qu'ils ont eux-mêmes déclarée à la nation;

---

leur patrie; si le roi l'emporte dans la lutte qui se prépare,
il n'y a pas de doute que la France ne passe encore une
fois sous le joug affreux des princes, des nobles, des prêtres et des émigrés, jusqu'à ce qu'elle se réveille pour
briser ses fers et reprendre l'attitude qui lui convient. Il
n'y a donc plus à hésiter aujourd'hui sur le parti qu'on
doit prendre; les princes, les nobles et les émigrés doivent passer du côté du roi, qui les protége, et défendre
sa cause, qui est la leur; tous les autres Français, civils
ou militaires, à moins qu'ils ne soient des sots ou des traî-
tres à leur patrie, doivent se ranger dans le parti contraire, n'importe qu'il soit commandé par Bonaparte ou
par tout autre; car il s'agit toujours, sous quelque déno-
mination que soit la bannière, de la cause de *la liberté
contre la servitude*, et il faut sans doute que la cause des
princes et des nobles soit bien mauvaise et bien déplora-
ble, que leurs prétentions soient bien injustes et bien exa-
gérées, puisqu'ils publient des défenses de parler et d'é-
crire contre eux, sous peine de mort, tandis qu'ils écri-
vent et publient tout ce que bon leur semble, sans aucun
danger. Ils ont beau faire, la raison, dans le siècle où
nous sommes, l'emportera toujours sur les préjugés; et,
tôt ou tard, le peuple reprendra ses droits : malheur à
ceux qui les auront momentanément usurpés! le second
réveil du lion sera terrible, il ne restera de ses ennemis
dispersés que le souvenir et la poussière.

ils demanderont bientôt le retour des cens,
des dîmes et des droits féodaux de toutes
espèces, il n'y a qu'un pas de l'une à l'autre
de ces prétentions....

Hé! qui payera ces indemnités, si ce n'est
le peuple ou les acquéreurs des biens na-
tionaux, à qui cependant la propriété en a
été garantie par la dernière charte, si impro-
proprement appelée *constitution française*,
puisqu'elle ne contient point de conventions
réciproques entre les contractans, *pacta
conventa*, qui seuls peuvent obliger les par-
ties qui traitent sur de si grands intérêts.

Si vous voulez donc, Sire, régner paisiblement sur la France, si vous voulez écar-
ter un rival dangereux par le grand ascen-
dant que donna toujours le génie et la
fortune extraordinaire, invitez la nation (si
vous en avez encore le temps), à se donner
par ses représentans librement élus dans
toutes les classes la société, une constitution
qui lui convienne, ou mettez en vigueur
celle de 1791; abolissez la noblesse ancienne
et moderne, étouffez ce germe de haine et
de discorde éternelles parmi les hommes qui
ont quelques sentimens de leur dignité;
écartez les prêtres de votre ministère, et

renfermez - les saintement dans les soins du leur ; abolissez l'inquisition insupportable des droits - réunis, qui ne sont plus nécessaires en temps de paix, et qui, tels qu'ils sont, furent odieux en tous temps; (1) n'accordez des grâces et des faveurs qu'à ceux qui les ont méritées par des services personnels rendus à la patrie, dans quelques rangs qu'ils soient nés; et vous obtiendrez à ce prix les bénédictions et la confiance du premier peuple de l'Univers.

Ardes, Puy-de-Dôme, 15 mars 1815.

(*Suivent les signatures.*)

P. S. Au moment où cette feuille est sous presse, on parle partout de la guerre, et des préparatifs immenses des puissances étrangères, pour entrer encore une fois en France, et nous ramener la famille des Bourbons, ou nous asservir pour leur compte en se partageant nos dépouilles.

Les royalistes insensés s'en réjouissent, les rois eux-mêmes s'aveuglent au point de ne pas voir la différence qu'il y a dans les idées

____

(1) Voyez l'Histoire philosophique et politique, de Thomas Raynal, tom. 10, pag. 366, édition de Genève.

et dans les opinions en France, entre 1814 et 1815.

Les premiers ne voyent pas que si la guerre éclate, ils seront pris pour otages au premier revers de nos armées; s'ils restent, qu'ils seront rendus responsables de tous les maux qu'ils auront appelés sur la France par leurs vœux indiscrets.

Que si, au contraire, ils émigrent pour aller grossir les phalanges de nos ennemis, leurs biens seront confisqués au profit du trésor public, et leurs personnes livrées à toute la vengeance des lois, s'ils sont pris les armes à la main, comme tranfuges; que faire alors?

Quant à ceux qui dirigent les cabinets des puissances étrangères, ils doivent se rappeler que les armées ennemies ne sont entrées, l'année dernière à Paris, qu'à la suite d'un revers produit par la défection des Saxons et des Bavarois, et à la faveur de la trahison d'Augereau et de Marmont; qu'en 1814, le patriotisme des citoyens était enchaîné par la crainte de consolider le despotisme militaire de l'Empereur par des triomphes; qu'aujourd'hui tout est changé, et que la cause du peuple, celle de l'armée;

et celle de l'Empereur sont la même ; qu'on a fait l'épreuve du gouvernement des Bourbons et des prétentions de ceux qui les entourent, qu'on ne peut plus se fier à leurs promesses, et qu'ils ne peuvent plus en imposer.

La coalition a même à craindre, si elle attaque la France, de perdre tout le fruit du traité de Paris ; elle doit craindre le soulèvement de l'Italie, de la Belgique, de la Saxe, de la Pologne, et des autres peuples disposés à recevoir les impressions des idées libérales qui, sorties du nouveau monde, finiront enfin par éclairer toute la surface de l'ancien.

Qu'elles y prennent garde ! il ne faut qu'une étincelle pour allumer un grand incendie, et je doute que le discours suivant adressé et répandu parmi les armées étrangères restât sans effet :

« Malheureux, où courez-vous ? quelle fureur insensée vous domine ? Vous nous faites la guerre : eh pourquoi ? pour river vos fers et les nôtres ! .... Vous allez répandre votre sang pour des ingrats qui ne se serviront de vos triomphes que pour nous asservir ; au lieu de porter le trouble et la désolation dans nos

familles , venez vous réjouir avec nous du
triomphe de la liberté et partager ses fruits
délicieux ; venez apprendre que vos princes
ne sont forts que de votre faiblesse et de votre
ignorance , qu'il vous suffit de vouloir être
égaux et libres pour le devenir ; que les rois
et les princes, qui sont si vains et si orgueil-
leux de leur puissance éphémère à laquelle
ils vous sacrifieront sans miséricorde , ne
sont rien sans vous.

» Que leur trône , quel qu'il soit , ne peut
être défendu et se soutenir que par l'amour
des peuples, et qu'ils ne peuvent l'obtenir
qu'en s'identifiant avec eux , comme a fait
Napoléon depuis son retour , en traitant
toutes les classes avec la même prédilection ,
ou plutôt en n'en distinguant aucune.

» Voyez ce qu'est devenue la puissance des
Bourbons , dans un espace de vingt jours :
ce ne sont point les troupes et les victoires de
l'Empereur qui les ont chassés des Tuileries ;
le mécontentement général et l'impulsion de
l'opinion publique ont tout fait ; c'est cette
même opinion , c'est sa force irrésistible qui
vous entourera de périls et vous écrasera , si
vous avez le malheur de porter en ennemis le
pied sur la terre sacrée de la liberté ; songez

que, quelque soit votre nombre, pas un de vous n'échappera au désespoir et à la vengeance d'une grande nation qui défend pour la dernière fois sa gloire et son indépendance, après vingt-cinq ans de travaux et de triomphes dans tous les genres.

» Ne vous mêlez donc point de nos affaires, si vous voulez vivre en paix chez vous ; et si vous êtes momentanément forcés de marcher, posez les armes lorsque vous serez en présence, et passez dans nos rangs ; vous y serez accueillis, embrassés, comme des frères, et nos âmes, comme nos intérêts, se confondant avec les vôtres pour assurer le repos et le bonheur du monde, nous apprendrons à tout l'univers que la cause des rois, lorsqu'ils veulent réussir, ne doit jamais être autre que celle des peuples qu'ils ont à gouverner. »

FIN.

De l'Impr. de CHARLES, rue Thionville, n° 36.